JN410075

# 돈 받을 일 아닙니다

서 석 조 시조집

교음사

## 시인의 말

태작의 주제임에도
아우성을 쳐댑니다

어찌 좀 밖으로
내보내 달라고

그래서 또 묶어냅니다

염치 불고
다섯 권째

- 2020년 정월 서석조

· 서석조 시조집

· 차례

## 1부 돈 받을 일 아닙니다

## 2부 십이월에 내리는 비

## 3부 오동나무 그림자가 돌구유에 머문 사이

## 4부 금줄을 걷고 싶다

**1부**

# 돈 받을 일 아닙니다

# 꽃눈개비

장복산 벚꽃길에
솔솔바람 불어오자

하르르 꽃잎들이
눈처럼 쏟아져요

길 가던
할아버지가
가만 서서 바라봐요

# 비로소 나 여기

비로소 나 여기 발자국을 찍는다
포말도 만근 무게 견고해지는 독도
길 터온 업연의 지평 숨멎을 듯 헤치며
갈매기 군무 따라 박꽃 피듯 이는 안개
내 한 몸 더한 여기 바위에도 물이 돌아
파도의 갈기를 타고 만세 소리 드높다

# 꿰뚫어 보라, 시조

화중련 신인상 시상 가부좌 튼 말씀들이
매화며 살구나무 콩알 열매 내밷게 해
바람도 가던 구름도 귀를 쫑긋 기울인다

見, 看, 視, 觀, 覽, 하니, 보고 보고 꿰뚫어 보고
저 아래 금낭화 지나 점심 공양 잘하시오
장경각* 황금 부처님 빙그레 웃으신다

*양산 통도사 서운암 소재 불전

# 숙명적 도정

흰 사발의 빈 바닥을 헤매 돌던 개미
기어이 직벽을 올라 입전에 다다른 찰나
건너는 또 무한 허공, 별을 바란 극지다
종착의 징검돌쯤 쉬이 놓아주련만
생은 발버둥치고 치는 숙명적 도정인가
조물주 눈높이에서 만지작인 한나절

# 돈 받을 일 아닙니다

들꽃 환한 한낮이면 문을 걸어 잠갔겠지
내달리는 떼 군중엔 세상없이 울었겠지
밝게 볼 세상을 위해 안경을 다듬기까지
안경다리 고쳐주고 안경집도 하나 주며
"아이구 됐습니다, 돈 받을 일 아닙니다"
양산의 갤러리안경점 소아마비 주인장

# 족적은 성스럽다

- 폐공장

어깃장도 흰소리도 그 격한 숨결도 없다
경비실 벽을 타다 말라붙은 나팔꽃에
씨앗은 남겨야 하지 개미 떼가 들볶는다

꽃길만 찾아 걸어라 족적은 성스럽다
소각장 지붕 위의 해진 운동화 한 켤레
바람도 낙엽을 몰다 철문 아래 앉아있다

# 그

언제쯤 달과 별 가게 되는 날이 올까
오늘 아침 빙판길을 벌벌 떨며 못 건너던
할머니 발걸음 뒤로 구급차가 헐떡여가고

개미가 부지런하고 지네가 징그럽다던
오뉴월 한 귀퉁이 장승처럼 밀려나던 그
대박을 한번 치려나 복권가게 문을 민다

떠나야지 날아야지 은빛 날개 비행체로
이 해가 다 가기 전 김해공항 꼭 가리라
건널목 막 건너뛰는 한 청년과 부딪친다

# 와온의 노을

1.

아린 뒷걸음질로 멀어져간 길이던가

생목 앓이 맨발의 애틋한 주술인 양

너울이 굽이치면서 소신공양 하고 있다

2.

낭패한 가슴일랑 여기 내려놓을 일이다

낱낱이 태워서 미련마저 소진하고

월요일 저녁답이면 갈매기를 날게 하리니

3.

커피잔을 감싸 쥔 채 쇳소리로 쉬는 한숨

유리창을 긁고 있는 남자의 연대기에

카페는 숨을 죽이며 비상구 등을 켠다

*와온 : 전남 순천시 해룡면 상내리 해변

# 공중돌기

한바탕 소나기가 온 동네를 훑고 간 뒤
뒷산 기슭 솔숲이 부웅부웅 부풀며
잦아든 소요를 깨고 소스라치는 매미울음

엄나무와 감나무의 핍박과 봉기였나
찢은 가지와 찢긴 잎의 긴박한 층위에서
바람의 솔기를 잡고 멈추지 않는 쟁투

명줄은 질기고 질겨 한사코 울어대도
한 겹 남는 허물에 땡볕만 자글댄다
민생은 저 겨운 나절 쉼 없는 공중돌기

## 까치발을 놓지 못해

너 미친 소문들을 여기 씻어 펼친다
만 걸음 숫눈길 끝 배낭 부린 천제단에
쇳소리 녹슨 쇳소리 감겨 타는 촛불의

일망무애 태백의 맥 천년 주목 소슬하다
몰려드는 눈발 속 까치발을 놓지 못해
까맣게 올려다보는 고라니 시린 눈망울

# 저 흰 눈 붉게 녹으리

사라져주길 바라던 길들이 지워진다
돌아오려나 애타던 시간들도 묻혀간다
오로지 순백한 적요 하늘도 내려앉아

그 누가 한 번이라도 왕 될 꿈을 꾸었는지
죄 사하듯 조아린 채 숨을 죽인 사람들
까치집 높은음자리 그를 바란 귀도 막아

이제 곧 봉분처럼 그리움이 들쳐지고
떠난 사람 오지 마라 지핀 군불 잦아들면
저 흰 눈 붉게 녹으리, 고치 속 실 자으며

# 내가 임금이었다

짱짱한 햇살 아래 그날 솔이 푸르구나
깔깔한 입맛으로 대교를 돌아들다
순후한 순무 김치에 군침이 돌았으니

병마야 하 적어도 물 위에 뜬 함선이라
광화문 육조거리 행색이나 살피다가
죽어도 죽을 수 없는 전몰에다 실국의 한

한 마장 해협에서 만국으로 박찬 오늘
아들아 성벽을 봐라 참상이 서린 흔적
내 죄를 묻기는커녕 종묘에도 버젓하다

초지진*, 나와 같은 군림이야 또 있으랴만
저 읍내 전통시장 물산만은 끊지 마라
덤에도 에누리에도 홍에 겨운 사람들의

*초지진 : 강화도 신미양요 격전지

# 만어사 너덜겅

1.

한 치의 양보도 없다
머리 맞대 버팅기며

백 년 강골의 자존
南은 南
北은 北

등 위에
얹힌 낙엽들
된바람에 위태하다

2.

눈비 바람 나 몰라라
저토록 비비면서

불임이 자유라면

까치 소리 어디에

발치의

아찔한 허공

거미가 줄을 친다

*만어사 : 밀양시 삼랑진읍 소재

# 뜀박질 한 번이면

층층 쌓인 홰울음의 강고함을 모르는가
내소사 저만치의 숲 그늘 속 흰 종소리
황사의 바람 눅이며 채석강을 울린다

뜀박질 한 번이면 손아귀 안 공깃돌들
무수한 씨 날줄의 잔파도를 잦고 자아
작은 건 큰 것의 받침 노을 뒤에 숨는 해

# 암반을 쓸고 닦으며

파도가 잦아들까 눈비 바람 더해져
오는 길 그대 오는 길 어디 하나 없는데
이 적층 억만 발자국 밤이 또 깊어집니다

저 별들의 속삭임 속 오만 촉수를 벼려
지친 걸음의 그대 인기척을 놓칠세라
암반을 쓸고 닦으며 좌표를 새겨갑니다

**2**부

# 십이월에 내리는 비

- 백목련
- 매미울음 드세다
- 양산대로 가로수길
- 십이월에 내리는 비
- 누나
- 일없다 오지 마라
- 최저임금 타결
- 신문 구독료
- 겨울 대변항
- 돌 우는 소리에
- 가우도에서, 양지
- 말씀의 성전을 헐다
- 발밑 틈새 괭이밥
- 물금역에서
- 바다의 노래
- 노을이 하도나 붉어
- 세상에 운다는 거

## 백목련

끈질긴 운명이다 끊겼으면 좋겠다
줄어든 그림자를 삽짝에 걸어두고
오매야 허리를 짚는 구순의 울 큰 누나

# 매미울음 드세다

질경질경 욕창 같은 껌딱지를 떼어내며
긴 하루 저린 오금의 장유 대로변 아주머니
일용직 일감이나마 감지덕지한 호구
아침마다 시어머니 맨밥 투정 받아낼까
대로를 가로지른 봉숭아 꽃물의 시절
장맛비 내리려는지 매미울음 드세다

# 양산대로 가로수길

생의 아픈 곡절이 큰길을 비켜나서
은행나무 가로수 밑 손수레로 조는 나절
실려진 파지 더미 위 짱돌 세 개 놓여 있다

엄마는 앞서 끌고 아빠는 뒤를 밀며
갓난아기 곧추 앉힌 유모차가 지나가자
비둘기 모이를 쪼다 꾸룩꾸룩 바라본다

파지 노인 쉬는 곁을 그림처럼 가는 아기
빈부와 노소가 스치듯 지나가고
은행잎 하나 두울 셋 짱돌 위에 내려앉다

## 십이월에 내리는 비

화물트럭 짐칸 위에 비닐막이 펄럭인다
털보 아재 긴 수염이 이슬을 달고 떤다
애당초 없었던 일감, 비를 탓해 혀를 차며

누구는 아랫목을 길게 누워 단잠일까
마당을 채워 도는 둥근 물무늬 따라
서울행 기차가 울며 거세지는 빗줄기

어디 한번 우산 아래 속삭임의 길을 가자
방랑벽 부추겨놓고 종적을 감춘 사람
애꿎은 담배 연기 속 그 사람이 그리운지

# 누나

자는 중에 가얄 텐데 자꾸자꾸 눈을 뜨네
치매라도 정신 들면 얼마나 고마운지
대봉감 한 알을 쥐고 온기 불어넣는다

노적가리 훌훌 쌓아 구름처럼 부풀던 날
기차를 타야 한다며 부엌문을 잠그던 손
그 손에 호롱불 색인 부처가 담겨있다

쌀 한 말 이고 와서 평상에 부려놓자
마당귀 감나무만 하염없이 올려보시던
아버지 그 연세 넘어 친정집은 멀고 멀다

오늘 이 대연역의 만 사람 흐름 중에
그림자도 부끄러워 옹그려 앉는 누나
양산행 전철의 문에 끝내 닿지 못한다

# 일없다 오지 마라

집만한 데 어디 있나 한시바삐 가야지
목이 길어진 노인들 버스를 기다린다
영천장* 벤치에 앉아 귀갓길을 서두른다

이 가문 여름 한낮 그늘 쉬는 장은 백 리
몇 바퀴 돌고 돌아 할 말 모두 쏟은 걸까
사진의 한 장면처럼 앞만 바란 정자세

일없다 오지 마라 하마 시린 무릎은
난전처럼 겨운 삶의 자식들 생각인데
통화도 먼 일상인지 빈손 말아 쥔 주먹들

* 경북 영천시 완산동 소재 5일장

# 최저임금 타결

최저임금 타결이란 누구와 누구 얘기인지
유등지* 군자정에 땀 식히는 사람들
부산히 부푸는 꽃을 언제냔 듯 등진다

길 건너 복숭아 가게 틈새시장 단을 쌓고
햇살을 달구어 대는 매미 소리 귀 밖인데
담배를 꼬나문 청년 으쓱대고 지나간다

여기 연밭의 화려, 늪의 징후는 어디
누림과 소외 사이 셈법은 나 몰라라
함지 인 옥수수 장수 눈길 자꾸 맞춘다

*청도군 화양읍 유등리 소재 연밭

## 신문 구독료

조간지를 집을 때마다 풀풀 나는 단내
굴신의 겨운 숨을 문틈에 부려놓고
계단을 두 단씩 뛰어 옆 동으로 갔을 그

선잠을 바장여서 별빛으로 눈을 씻고
곱다시 문패를 닦아 새길 내어 가는 그
고딕체 밑줄을 친다 구독료 일만오천 원

# 겨울 대변항

도둑질하듯 눈치 보는 생선 장사 이십 년
살 사람 안 살 사람 척 보면 다 안다는
할매의 말솜씨에 낚인 건가자미 만 원어치

전복죽 먹음새가 호사스런 이 선창을
먼 바다 어선 불빛이 설핏설핏 헤집어서
끼루룩 갈매기 등에 시름 부리는 하루

물과 뭍의 경계라면 주술은 응당하지
하느님요 용왕님요 간판들이 일어서며
더께 진 좌판의 노역 한풀 꺾이는 바람

# 돌 우는 소리에

물살에 떼밀리는 숭어를 뜨는 사람
갈마드는 환절기 목숨 위의 목숨이
이 바다 허기 채우고 은비늘로 솟는 나절

갈매기 나래 쉬는 번성의 저 철다리
키 높이 바람을 타고 살아 텅텅 뛰는데
울돌목 돌 우는 소리에 목이 젖어옵니다

# 가우도에서, 양지

1.

가슴에 담아온 백련사 동백숲을
출렁다리 난간에다 오롯이 펼쳐놓고
신나게 햇살 받아라, 음지가 양지 되는

2.

넉넉하고 정연하고 햇살 바른 선창에서
되돌아가야만 하는 나그네들 서성여
또다시 올 수나 있나 뭉클 솟는 그리움

시동 켠 관광버스 먼 길 채비 서두르다
아련히 울려 퍼지는 소야곡에 묻혀들자
발걸음 붙잡아 묶는 뒤안길 그 한 시절

어디서 물색없이 맛집 간판 찾고 있나
시대를 역행하는 마성적 이 허기여
노점상 파프리카를 한입 가득 베문다

# 말씀의 성전을 헐다

- 신거역*에서 · 1

홀가분 내린 봇짐에 걸식의 패를 단다
지나쳐가는 열차 따라 발자국을 지워놓고
갈 길이 얼마냐 묻는 강아지풀의 흔들림

별처럼 반짝여 오던 그 숱한 말씀들
진작 허위인 줄 알고도 모른 체
참새 떼 남으로 난다 산이야 높건 말건

저 미래를 마름질하는 발상의 현판 위
부어라 마셔라 덩굴손을 뻗쳐놓고
탑 하나 쌓아 올린다 말씀의 성전을 헐어

*청도군 소재 경부선 철도역—새마을운동 발상지

# 발밑 틈새 괭이밥

- 신거역에서 · 2

시발과 종착의 어름 인적 하나 없는 고요
덜커덩 저려드는 하루 치 만 걸음 행보에
살며시 두 손 내미는 발밑 틈새 괭이밥
생채기를 덧들일까 바람은 잘게 불고
빗장 질려 길게 선 내 그림자도 접힌다
도무지 던지지 못한 돌팔매도 내려지고

## 물금역에서

북행열차 사라져간 먼 굽잇길 소실점
생때같던 친구 하나 유명을 달리하고
고막을 찢어발기듯 솔가지 울리는 매미

이승은 족쇄였다 남겨진 심야 문자에
언제쯤의 허기였나 돼지족발 간판 머리
고향 갈 표를 물리고 벤치에 길게 눕는다

## 바다의 노래

방안을 들 때마다 펼쳐지는 수평선
허기지는 한낮 건너 모둠발로 경건하게
감포항 똑딱선 위로 센 바람을 다잡는다

조여드는 사방벽 설운 노래는 다시없다
천형인 듯 고된 노역 차라리 위안인 채
붙안은 책상머리에 그대 이름 들띄운다

한 줌 뼈 옷 한 벌의 허물인 듯 가벼운 흔적
파도에 묻혀 갔기 뜨거울 리 없는 나날
한 번도 접하지 못한 만선의 꿈은 높다

# 노을이 하도나 붉어

울어도 소용없으니 노잣돈이나 챙겨가소
한 줌 뼛가루 뭉치 굳은 땅을 파고 들 때
휘굽은 소슬바람도 산역에 끼어든다

조문의 이치야 말로 참 생존의 허덕임
삼천포 해변 약국 그 마지막 방문길에
노을이 하도나 붉어 주저앉고 말았다니

얼마든지 둘의 하나 가역적인 역마살에
서울로 갈 채비쯤은 예순 무렵의 목마름
무한정 남도를 돌아 매듭지은 목숨이여

이제 서산 넘어 가볍고도 가벼운 걸음
사방 사십 센티미터 오석의 유택에서
눈 한 번 비껴보아도 무너질 듯, 미망인

# 세상에 운다는 거

"세상에 운다는 거 사람만이 아닌 기라"
평상을 움켜 닦는 울 형수 등허리에
땡감을 떨어뜨리며 울어대는 매미 떼

# 3부

# 오동나무 그림자가 돌구유에 머문 사이

# 불기 2563년 부처님

부처님, 저 취직 좀 되게 해주십시오
네 이놈, 너하고 나하고 자리 바꾸자
너처럼 밥 먹고 앉아 빌기만 하고 싶다

# 십일월의 단상

1.

슬픔을 슬픔이라 말할 수 있는 슬픔은
감나무에 매달린 마지막 한 잎의 붉음
호흡을 가다듬다가 눈동자를 굴리다가

살아서 질긴 침묵 죽음처럼 받들어
해지는 서역쯤에 촛불을 돋워내던
한사코 무겁던 날의 그 바람에 감긴다

2.

오동나무 언덕 아래 빨랫줄 긴 빈집
거미가 빗장을 친 몇 곱절 시간 위로
바람이 불다 멈추며 궂은비가 내린다

## 오동나무 그림자가 돌구유에 머문 사이

오동나무 그림자가 돌구유에 머문 사이
한시름 놓으랴만 매미 소리 높아지고
폭염을 조심하라는 재난문자 퍼뜩 뜬다

오디세이, 용마루를 딛고 선 비둘기
지리멸렬, 사시로 움푹 기운 두 구두굽
신방돌 밑동 틈새가 개미 떼를 들인다

# 이 밤을 깊게 하면
– 선암사*

초저녁 산문 숲을 울려대는 범종 소리
뭉근히 익은 감들 어둠을 밝혀 들어
셈법을 저울질하는 객들의 손을 모은다

법고에서 경쇠 지나 목어 치는 스님이
어르는 듯 달래는 듯 도량의 귀를 열면
귀동냥 청신사들도 요지부동 경건하고

이 밤을 깊게 하면 진정 귀가 뚫릴까
귀갓길 걸음들이 대웅전을 바라서자
조심히 내려가라고 눈 그윽히 미소 주신다

*전남 순천시 승주읍 소재

# 동정은 왜 하느냐고

돈 십만 원 그까짓 게 뭐 그리 대수냐고
보태주면 그만이지 동정은 왜 하느냐고
실직한 고향 친구가 삿대질을 해댄다

먼 굽이 세월을 돌아 이 비릿한 술 한 잔
고향 가는 무궁화호 구포역을 휘감으며
낙동강 노을 언저리 이순 즈음 우리 오늘

# 복권 명당

수 없는 좌절에도 이번만은 이번만은
한생의 욕망을 움킨 주먹을 올려 펴며
하루를 곁눈질하는 그의 시간은 길섶이다

길모퉁이 시린 달에 새벽잠 걸어둔 적
미처 읽지를 못해 놓쳐버린 금맥 코드
오늘 그 대박의 꿈은 식구들의 집 한 채

복권 명당 지붕 위를 닳도록 쳐다보아
참새 몇 행동거지가 가벼워서 들레는데
족쇄를 찬 듯한 걸음 떼어놓지 못한다

# 아무나 못 하지, 갑질

누구나 할 수 있어도 아무나 못 하지
나 여기 공중 높이 신처럼 우뚝한데
고개를 빳빳 쳐들고 앙앙불락 그 누군가

발버둥 치든 않든 계시처럼 날은 열려
밥줄도 한 마장쯤 때리면 맞아야지
체면과 염치로 치장 무소불위 사는 재미

이제 좀 쉬어나 볼까 구름 한 점 없는 창공
내 목에 방울 달기 차라리 땅이나 파지
기지개 길게 펼 자리 서릿발도 나가 누울

## 동백을 뽑아 간 그

들마에 혼 빠졌나 꽃봉을 매만지다가
화단에 심어놓은 동백을 뽑아간 그
보릿동 무섭던 시절 그쯤이면 또 몰라도

제 자리에 갖다 놔라 방 써 붙여 호소한들
후드득 소나기 한번 지다위로 내린 뒤
저만큼 낙동강 두고 서울 가는 고속 열차

이윽고 꽃샘은 요뇨 하고 물은 벌창
출입금지 팻말쯤에 낚싯줄을 못 늘이랴
갈매기 물 위를 톺아 나는 듯 마는 듯

# 속절없는 미라

지리산 등산로에 명태 한 마리 놓여있다
나붓이 건너온 바다 속절없는 미라 되어
오색실 곡절만큼의 세월을 헤아리나

이 산 어디 숨어 잠든 몽달귀신 부르다가
아, 그 처녀 전설처럼 실의 행방 찾아가서
피 마른 온몸을 비벼 허물 한 겹 벗기는지

# 지난날을 흩뿌린다

시시덕 이 사람과 왁자지껄 저 사람과
네쯤의 안달이야 보이는 듯 들리는 듯
대변항 전복죽 식당 들창에도 눈길 주며

갯바위 비껴 앉아 낚싯줄 드리우고
배고프면 라면 하나 시간을 늘려 잡고
이 지상 더할 바 있나 오수에도 빠져들며

호기심과 동경과 야망의 간극이야
솔바람 이는 언덕 종탑의 높이만인데
한사코 물든 은행잎 지난날을 흩뿌린다

# 호랑나비 날던 날

앞뒤 가릴 거 없다 거침없이 내달려라
악령의 주문 같은 들메끈의 조임새에
광야는 한결 바람도 꺾여주지 않는다

시린 이 밤 헐거워진 핏줄을 매만지며
세상은 저만치서 야곡에나 취하는가
의문의 말짓기놀이는 습성이 된 지 오래

누군가의 훈김으로 호빵 하나 데워지고
아버지 꼴짐 위로 호랑나비 날던 날의
신작로 그 버스 한대 호기롭게 지나간다

## 트림이나 말아야지

김해 어방 도살장 앞 트럭 위 황소 세 마리
화등잔 같은 눈을 들어 한낮이 적요한데
어방천 물목을 뚫고 촐싹대는 피라미 떼

당산목 신령하다 피를 바라 우람하랴
야욕도 가지가지 뭇 생령의 명을 취해
배부른 굴신의 기도 트림이나 말아야지

눈 안 가득 눈물 담고 죽음으로 가는 길
만유에 중뿔난 인간 제비집도 헐어놓고
도살의 한낮이 길다 하품하는 트럭 행렬

# 강섶의 모래톱에 궁궐을 짓게 하리

네가 감히, 어디 감히, 거듭되는 폭압에도
밥 없어 고개 숙이고 옷 없어 나서지 못해
야만의 세계로 간다, 피는 피 살은 살의

월계수 진한 향이 장미꽃을 붉힐 즈음
서역 먼 모래바람이 말의 독(毒)을 부풀리면
빈사의 숨결이나마 전갈좌를 그려내어

밤이면 밤 낮이면 낮 표변하는 그를 끌어
강섶의 모래톱에 궁궐을 짓게 하리
오동꽃 보라에 젖던 고향집 먼 만 리의

# 월정리역에서

출발해도 좋습니다 깃발을 높이 들자
잘 다녀오겠습니다 환한 얼굴의 손짓들
나 여기 필생 역무원 꼿꼿 서서 증거하네

참았던 콧김을 쉬며 육중한 몸 일으켜
끊어진 길 다시 이어 북으로 달리는 열차
나 여기 필생 역무원 역이 되어 지켜섰네

*월정리역 : 철원의 비무장지대 남쪽 한계선에
가장 가까이 있는 마지막 기차역

## 양산장 아리랑

- 노점상

아리~랑 아이쿠, 관셈보살 아야야
햇살은 따사로이 언 땅을 달구는데
펴지지 않는 허리에 달라붙는 후렴구

어느 세월 굽이에서 이 거리로 내몰렸는지
더께 진 함지들이 천근 무게로 앉아
지나는 눈길을 끌어 사과를 굴릴 동안

— 함 보시고 가이소, 참 야물고 맛있어예
울 큰 누나 저문 길의 대연동 비탈처럼
할머니 시린 두 손이 울퉁불퉁 굽어 있다

*양산장 : 양산시 중부동 소재 5일장

# 까짓 거 뭐 있나요

초원을 가로질러 한 바퀴 원을 그리면
까짓 거 뭐 있나요 세상사 둥글둥글
보세요 짜장과 짬뽕 이 맛 말고 더 없어요

황야의 무법자가 경계 풀기 딱 좋은 곳
마라도 펜션 테라스에 시간을 묶어두고
덤으로 자꾸 내놓는 면발 빙빙 감아챈다

# 보리굴비 법성포

야무진 살점들이 밥을 만 물을 민다
부력을 억누르는 숟가락이 깊숙하다
짭짤한 밥심의 미각 군침이 먼저 돈다

먼 데서 여기까지 오죽하면 보리굴비
서해는 노을 끝단 오고야 말겠지만
보리란 이름의 내력 선창에 묶이는 발

가게의 유리창엔 밥도둑이 주렁주렁
말리고 묵히고 쓰다듬기 그 얼만지
에누리 하나 없는 셈법 웃음꽃에 버무려져

# 4부

# 금줄을 걷고 싶다

# 한 발짝도 떼지 마라

벼랑의 높이에서 한 발짝도 떼지 마라
내달은 목숨의 자취 포말로나 일지라도
무수한 수평의 반란 펄펄 끓어 뛰는 파도

# 금줄을 걷고 싶다

오르고 또 올라서 엎드려 절하느니
오랑캐 장구채에 매발톱 걸어놓고
좀참꽃 구름송이풀 물매화로 씻은 천지
발품은 아예 놓아라 압록강을 거쳐 와서
일초일목 시린 무릎 엄연한 강토였기
백두산, 남쪽을 향한 금줄을 걷고 싶다

# 황해에서 울다

나 황해의 등에 업혀 만 근의 가슴이다
억념을 꿰어 봐도 내뱉지 못하는 말
이 새벽 장산곶 마루 홰울음도 일지 않아
나 황해의 등에 업혀 속절없이 돌아간다
눈 귀 입 욱여 닫아라 매질하는 이 파도에
압록과 대동의 여울 피울음을 친친 감고

# 화산석

삽시였다, 천년을 닦은 길 끝의 오름
들깨밭 사잇길의 해풍을 맞받으며
꼭대기 등대를 돌아 천년 전엘 다다른 건

막걸리 두어 병쯤 인정으로 베풉니다
사진이나 한 장 찍어 추억으로 남기세요
주인의 공짜 인심에 구름 한참 올려본다

어여뻐라 비양도* 그 이름도 어여뻐라
태어남이 기록된 천년의 화산섬에
가슴 속 타는 화산석 그마저를 얹는다

*제주시 한림읍에 있는 섬
〈신증동국여지승람〉에는 1002년(고려 목종 5년)에
분출한 화산섬으로 기록되어 있음

# 천관산 하늘을 당겨

1.

신행길 걸음이듯 앞섶을 여닫으며
남도의 따순 바람이 매화꽃을 피워 무는
장흥 땅 굽이굽이를 난생 처음 밟아보다

욕심이 누그러지면 청보리로 일렁이나
한승원 문학학교에 만사를 내려놓고
돈 장수 도깨비 하나 슬몃 만나 통정한다

성적 결여라면 그냥 두어 깊어질 일
원하는 건 천지 풍경 살 돈 모두 빌려주마
도깨비 융자 약속에 억만장자 눈 아래다

2.

24시 상설 시대 유적 같은 토요시장
구름 품은 탐진강도 진양조로 여울진다

갈 길을 설레발치던 마음 모두 눅여내며

들판이 너른 데는 누천년 호미 괭이질
긁히고 찢긴 상처에 초록 바람 후후 불며
천관산 하늘을 당겨 품 넉넉 너볏하다

3.
이청준 생가에서 말문을 닫고 만다
남겨진 이름자가 문지방을 넘나들며
일평생 벼린 언어로 두레상을 차릴 동안

# 낯선 곳 낯선 연대

먹장구름 틈새로 동녘이 밝아지며
대동강 하구쯤인가 어선 몇 갈매기 몇
에돌아 우리 땅 두고 이국으로 돌아든다

너울도 잠든 새벽 날선 수평의 경계
휘굽은 항로 위로 핏발 선 불면인데
그 누가 에움길 첩첩 나 몰라라 잠자는가

저 어디쯤 안시성은 기억 속에 아련하고
크레인 우뚝하게 철갑 두른 상선하며
낯선 곳 낯선 연대에 단동*을 가고 있다

*북한의 신의주와 압록강을 경계로 서로 맞보고
있는 중국의 국경 도시

# 집안은 어디인가

1.

도읍지 졸본성 그 이름만 남겨놓고
2천 년 세월의 사직 말발굽을 씻은 비류
주몽은 어느 하늘가 사냥길을 헤매나

2.

돌 층층 세월의 더께 성벽 저리 흩뜨리고
호태왕도 장수왕도 돌아누운 대고구려
곳곳을 눈 부라리며 사진도 가려 찍어라

만포진 있기나 하나 민둥산을 둘러놓고
압록강 물을 타고 담배 팔이 하는 후예
차라리 돌을 씹어라 집안*은 어디인가

*집안 : 고구려의 두 번째 수도

# 비엔티안에서, 길

해신은 소금꽃 피워 맨발로 물을 긷고
산을 밀친 태양신은 망고를 익히지만
한더위 화덕을 켜고 부채질만 하는 사람

권자여, 승리 없는 개선의 칼을 내려라
인삼 사탕 한 알 바라 줄서서 손 내미는
눈망울 초롱초롱한 소금마을 아이들에

## 너 이제 돌아오라

1.

한달음에 북방이랴 죽지 잠시 내려놓고
바람도 쉬어 넘어라 등살에 초목 길러
푸드덕 수꿩 한 마리 꽃불로 날게 하는

2.

너 이제 돌아오라 흔연히 돌아오라
영마루 길 굽이로 고래 숨이 녹아들고
앵돌아 되뜨는 푸념 이슬로 져내리니

청람의 소떼 양떼 하품도 늘어져라
초원은 광활하여 점점의 섬도 커서
이 시대 화평의 거점 배 저어 오는 이들

3.

할 말조차 얼어붙은 우리의 긴 빙하기

문득 넓은 챙모자 목동이 해를 끌어

지평이 숨을 내쉰다 너 이제 돌아오라

# 카인의 알리바이

1.

어느 먼 기억 저편 배고픈 아기 울음

어머니 젖가슴 열고 저승문 나서시다

울 너머 해바라기에 배냇저고리 걸어두신

2.

신호등 켠 신작로가 질주하라 눈을 감고

내 볼일 아닌 사람들 곁눈질도 주지 않아

카인은 알리바이를 제 맘껏 슬어놓다

광속 살인 행위죄의 수배령이 내려지며

정의는 살아나라 현수막이 펄쳐져도

장맛비 내리는 거리 가로등만 환할 뿐

마침내 장미꽃배달 찾을 테면 찾아봐라

안개 속 은신처의 오만한 메시지 하나

"부활의 은총 아니냐 다리 하나 부러진 건"

3.

두 눈 퀭한 불면 도깨비 그 족적을 보았어요

귀신이 곡할 노릇, 신이 내린 목격자에

저승문 되넘어가시며 등이 환한 어머니

# 야인행(野人行)

1.

세월을 속여먹고 사람을 등쳐먹고
시장통 좌판 위 버젓이 드러누운 잡배
들입다 내동댕이쳐 비로소 얻어낸 잠

주검 같은 네 활개에 개미 떼를 슬어놓고
꿈속도 날 선 신경 눈알을 부라리다
벼락을 맞아도 좋다 너털웃음 한바탕

2.

도회지 뒷골목의 십대 탕아 분기(憤氣) 꺾다
늘어지게 한방 맞고 부드득 이를 갈다
한 빈집 사립을 들어 신방돌을 베고 눕다

산이번 산 들이번 들 막무가내 거칠어도
벌거숭이 육박으로 죽음쯤이 두려우랴

갈가리 찢어진 생살 달라붙는 쇠파리 떼

3.

맞장 한번 떠볼 텐가 쌍심지를 돋우다가
벼린 칼 내던지고 목을 늘인 그 순간
피 먹은 적의가 번쩍 심장을 찢고 나와

내몰린 황야에서 마침내 뼈를 세워
이제 미지의 세상은 없다, 아나키즘
불끈 또 돋아난 근육 사자후를 토한다

# 열대야

1.

쿠바 아바나 뒷골목 놈팡이 그 혹인
헤이 헤이 치노 치노* 목과 몸 따로 놀던
그 허세 서늘함에다 저 보름달 얹어본다

압제의 이 폭염 속 그처럼 분방하면
저 밤 매미 울음 너머 달에나 가닿을까
방충망 틈새에 걸려 버둥대는 말벌 한 마리

2.

니 그래 우리집에 던진 그 돌 니 알제
니 그래 고소하다 했던 그 말 니 알제
니 그래 지금은 내가 꽃맘인 거 니 알제

*치노 : 남미 사람들이 동양인(특히 중국인)을 비하하여 일컫는 말

# 긴 한숨을 토하다

아느냐 그 이름 무적의 사나이*
다낭** 외곽 산굽이 만연한 칡넝쿨이
왜 자꾸 눈길을 끌어 묵은 가락 들추는지

현지 여자 가이드의 놀란 듯한 눈동자가
두메산골 목청의 울대를 덥힐 즈음
신화는 해수관음상 발밑 축대 높이는지

죽음의 염두조차 멀리했을 용사들이여
이 나라 불굴의 야성 밀림 속 동굴인데
태극의 군홧발로나 이 준령을 넘었으니

남남쪽 머나먼 나라 그 애틋하던 노래가
반세기 세월을 움켜 느긋이 눕는 나절
허기진 배를 불리다 긴 한숨을 토한다

*베트남 파병 백마부대 군가
**베트남 중부의 네 번째 큰 도시

# 호이안 마사지

홍등 비친 콧방울에 땀방울이 송골송골
이국인의 발을 쥐며 꽁꽁 앓는 여린 소녀
좋아요? 오빠 좋아요? 눈길이 사뭇 길다
이기고 돌아오라 부산항을 들썩이던
그 월남의 한 길가에 권좌의 자세라니
행세껏 돈을 내밀다 화들짝 고쳐앉는다

*호이안 : 베트남 다낭에서 남쪽으로 30km 떨어진 곳에 있는
작은 도시

# 삼장법사를 그리워하네

먼 서역 사막 한 자락 무릎 위에 올려놓고
다저녁 노을빛 속 낙타처럼 목을 늘여
한 모금 삼장법사의 물 공양을 받는 노파

허기의 깊이만큼 열매를 거둬야지
한겨울 은행목에 붉은 조화(造花) 나부껴서
노파는 팽이를 돌려 열기를 더하는데

몰라라 나그네는 대안탑*만 바라서서
장난감 파는 노파 끼니를 걱정할 새
손오공 여의주 놀려 사방 하늘 뚫고 있다

*당나라 삼장법사가 세운 탑(중국 서안시 자은사 경내 소재)

## 바다와 달의 사이

지신밟기 농악단이 보름달을 높여놓은
대왕암 가는 길가 내림대 서 있는 집
먼 바다 바란 마루에 촛불 하나 타고 있다

샛바람에 마른 댓잎 세 떼처럼 휘날리고
저 멀리 돌아드는 집어등 불빛들이
돌아올 사람은 어디 삽짝 위에 아롱진다

언제쯤 떠났을까 지붕이 휘어지고
바다와 달의 사이 수천수만 시름 계단
귀를 연 들창 너머에 그림자로 서 있다

# 한산도 뱃길에

붉게 물든 서천으로 몸 기웃 하염없다
감개한 가슴으로 파도를 거머잡고
대첩의 장렬한 울력 피를 달여 굳히는

사투의 이력에는 백의의 맨발 걸음
사특한 간교에도 그리움의 달은 떠서
이 부력 오르내림에 수루도 흔들렸으리

길 없어도 갈 길이니 길 있어 내던진 몸
이승 이어 저승이면 저승 또한 이승이라
사즉생(死則生) 두 주먹 쥔다, 물보라 이는 선창

## 어찌할 방도는 없다

- 문무대왕

눈 귀 입 닫힌 적에 대숲이 일렁인다
사람들은 저마다의 담장이 견고하다
깃발도 푸른 깃발로 성채인 양 휘둘러

어찌 할 방도는 없다 차라리 내가 죽어
수호의 억년 바위 천년 전설을 딛고
바다의 바다를 넘어 숨는 해를 감아채리

모롱이 굽이굽이 주춧돌을 다져가며
곧추세운 말갈기로 잡귀는 물렀거라
토함산 발디딤으로 나 우뚝 되살아야

# 아우라지

한사코 건너지 못한 그 걸음을 놓을 자리
집채만한 징검돌 가없이 튼실한데
처녀는 솔바람 저어 낯가림만 하는 터

때 이른 천렵꾼의 단내 나는 숨소리가
밀쳐난 뗏목 어름의 아리랑을 달구는데
다시금 돌아오리란 어설픈 기약쯤이야

떼돈의 뜨건 열망 그 물길은 잦아들고
두 갈래 아우라지 가는 손을 맞잡느니
정자(亭子)는 그늘의 그늘 뼈대만 바짝 세워

서울 한번 기웃하고 표류해간 그는 어디
둔덕의 아카시 아래 라면이 끓는 사이
반달교 은빛 광휘에 나그네가 달뜬다

# 백담사 화엄실

오르지 마세요
오르지 마십시오

제12대 대통령이 머물던 곳입니다

그 누가
오르려 하리
다만 그저 살펴볼 뿐

# 허울의 시간

- 대선 후보자 토론

하릴없다 낮 기울어 어깻죽지 저린데
날아라 거북도 날개 천장이 높아지며
숨었던 억 광년 별들 TV 화면 들쑤신다

하 멀리 그대를 떠난 파타고니아 벌판처럼
저 한 별에 말을 달려 만시름 흩어질까
해묵은 들창을 기던 거미 한 마리 죽어있다

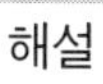

해설

# 길 위의 풍경과 스펙터클의 시학

임채성(시조시인)

그러니까 시(조)를 쓴다는 것은, 우리가 머릿속에 갈무리해 둔 것을 다양한 형태로 가공해서 보여주기 위한 망치질이라 할 수 있다. 사유의 길섶에서 치열하게 찾아나선 유·무형의 흔적들과 골똘하게 떠올리는 잔상들을 캐고 다듬는 작업이기 때문이다. 단어와 문장, 기억과 상상이 계속 충돌하며 튀어 오르는 파편들을 아우르고 마무르며, 서로가 서로에게 덧대지거나 섞이는 접점을 찾아가는 것이다. 간혹 독특한 관계의 사슬에서 벗어난 기이한 형상의 돌연변이를 만들고, 더러 화합과 불화를 거듭하는 그 길의 끝에 서 보려는 욕망에 묶여 있는 존재가 시인이다. 그래서 시인은 사유의 길섶에서 노숙하는 자라 하지 않던가.

서석조 시인에게 있어 시조는 마치 자신의 내면에 얽히고설킨 길을 반듯하게 정비하는 과정과도 같아 보인다. 그가 바라보는 하나의 길은 또 다른 길로 이어진다. 사라진 것 같아 주위를 둘러보면 다른 길이 보이고, 이어질 듯 이어지지 않는 길과 끊어질 듯 끊어지지 않는 길이 다시 갈마든다. 그가 들어선 길의 끝이 어디인지를 모른다 할지라도 그는 안타까워하지 않는다. 오히려 길의 모양새나 가꿈새를 살피고, 길의 색깔과 강도와 질감을 더듬는다. 새로운 이정표를 세우기 위해 마음을 가다듬고 눈길을 전후좌우 위아래로 훑으며 나아가는 것이다. 그 길 위에서 시인은 사물의 단면만이 아닌 너비와 깊이에 천착하는 '투시'와 눈길을 한 곳으로 모아 가만히 바라보면서 미학적 지향점을 찾는 '응시'와 과거와 현재를 조망해 미래에의 길을 찾는 '거시'의 시학을 두루 추구한다.

서석조 시인의 다섯 번째 시집 『돈 받을 일 아닙니다』는 역동적이다. 시작(詩作) 활동의 출발점으로 삼은 '봄(Seeing)'의 행위는 정적이며 고요한 것이지만, 시선의 다각화를 통해 형상화된 산물은 정반대의 이미지로 나타난다. 서석조 시인은 내면을 안정화시키기 위해 번잡하고 떠들썩한 외부세계의 모습을 더 역동적으로 끌어들이거나, 더 우렁우렁한 남성적 목소리로 그려내고 있다. 한 마디로 길 위에서 보고 듣고 느끼는 모든 감각적인 모습을 스펙터클한 이미지로 형상화하는 것이다. 이미지를 중시하는 시조의 모든 장은 스펙터클(Spectacle)

이라 할 수 있다. 시각을 고려하고 시각을 유도하며 자기 고유의 시각을 보여준다. '시각적인 것'의 주체가 시조라면, 시조는 확실히 시각의 산물이며 스펙터클의 주인공이다.

이번 시집에서 가장 빈번하게 등장하는 시어가 '길'인데, 서석조 시인은 '길'이라는 테제(These)를 통해 크게 세 가지의 스펙터클을 보여준다. 길은 창작의 완성에 이르는 과정이자 미학적 깨달음을 얻기 위한 사유의 방편이다. 그런 점에서 파편화된 일상에서 평정을 찾으려는 그의 시조는 현실적 번뇌를 견디고 그것을 극복하기 위한 과정이라 할 수 있다. 서석조 시인은 안과 밖이라는 공간, 과거와 현재라는 시간, 삶과 죽음이라는 삶의 문제 등 세 갈래 길 위에서 각각의 문제 어느 쪽에도 치우치지 않는 중도를 걷기 위해 그 경계를 바라보고 관찰한다. 다양한 길 위의 양태를 두루 살필 수 있는 안과 밖, 과거와 현재, 삶과 죽음의 경계를 걸음으로써 세속의 번잡한 일상과 욕망을 비워내려 하는 것이다.

#1. 이면을 꿰뚫어보는 투시(透視)의 시학

인간은 대부분 눈을 통해 사물을 본다. 본다는 것은 인식한다는 것이며, 사유하며 살아간다는 의미다. 세계란 언제나 그것을 대면하고 있는 특정한 인식 주체의 조건들과 마주하고 있는 대상이다. 만물의 근원을 '물'이라고 한 탈레스(Thales)와 '혼돈'으로 본 아낙시만드로스(Anaximandros), '공기'로 본 아낙시메네스(Anaximenes) 등 고대 그리스 이오니아학파의 철학자들은 '사물을 어떻게 보고 인식하는가'에 따라 만물의 근원을 다르게 규정했다. 다르게 규정한다는 것은 자신이 보는 부분적인 현상만을 관찰하고 관찰의 결과에 입각해 부분적인 현상을 전체인 것처럼 개념화하는 것이다. 그것은 곧 인식파편화의 산물이다. 천둥과 번개, 화산폭발, 폭풍우 같은 자연현상을 보고 이를 신격화하고 인간세계를 심판하는 '신의 뜻'으로 개념화하는 것 따위가 '봄'을 전제로 하는 인간 인식의 파편화에 따른 결과물이다. 이런 이유로 "눈이 있다는 것은 본다는 것이며, 본다는 것은 인식한다는 것이며, 인식한다는 것은 전체 중의 부분만을 파악한다는 것이기에 눈이란 진정 감옥이다. 인식은 감옥의 역사이며, 인간사유의 역사는 '틀 짓기'의 역사이고, 이는 전체를 부분으로 난도질하는 '비틀기'의 역사"라고 임철규는 『눈의 역사 눈의 미학』(한길사, 2004)에서 주장했다. 부분을 전체로 규정짓고 절대화하는 인식의 파편화와 일반화의 오류는 우리 눈의 '작란(作亂)' 때문이다. 사회갈등을 넘어 전쟁까지 일으키는 종교나 이데올로기 분쟁 등은 모두 여기서 연유하기 때문에 눈은 그만큼 위험하기 짝이 없는 감각이라는 것이다.

이처럼 우리 눈의 위험성을 잘 알기에 인식의 굴절이

나 훼절 없이 세상을 곧고 바르게 보겠다는 서석조 시인의 의지는 다음 시편에서 잘 나타난다.

들꽃 환한 한낮이면 문을 걸어 잠갔겠지

내달리는 떼 군중엔 세상없이 울었겠지

밝게 볼 세상을 위해 안경을 다듬기까지

안경다리 고쳐주고 안경집도 하나 주며

"아이구 됐습니다, 돈 받을 일 아닙니다."

양산의 갤러리안경점 소아마비 주인장

－「돈 받을 일 아닙니다」 전문

겉으로 보이는 세계와 실제의 세계는 같을 수도 있고 다를 수도 있다. 따라서 현상과 실재 사이에는 무시 못할 차이가 존재한다. 대부분의 사람들은 현상을 실재로 착각한다. 어떤 사건이나 현상에 대해 우리는 제대로 이해하고 있다고 생각하지만, 그렇지 않은 경우가 다반사다. 플라톤은 오직 철학자만이 세계의 실재를 이해한다고 믿었다. 철학자는 감각에 의존하기보다는 사유함으로

써 실재의 본질을 발견하기 때문이다. 플라톤이 동굴의 비유를 들어 현상과 실재 사이의 차이를 설명한 것처럼 서석조 시인은 '안경'이라는 시력교정 도구를 통해 인식과 실재, 허상과 실상 사이의 간극을 좁히고 싶어 한다. 이번 시집의 표제작이기도 한 「돈 받을 일 아닙니다」는 시인이 지향하는 세계관의 표출이자 서석조 시조미학의 한 단면이라는 점에서 의미가 깊다. "들꽃 환한 한낮이면 문을 걸어 잠"그고, "내달리는 떼 군중엔 세상없이 울"기도 하는 시적 자아는 "밝게 볼 세상을 위해 안경을 다듬기까지" 화려한 세상의 겉모습과 군중심리에 휩쓸리지 않겠다는 결기를 보여준다. 자신의 파편화된 인식의 허상을 바로잡아주는 매개물이 '안경'인데, 이는 자신의 힘만으로는 어렵다는 사실도 알고 있다. 왜곡되고 파편화된 인식의 개선을 위해서는 '안경점 주인장'과 같은 조력자가 반드시 필요하다는 설명이다. 그런데 그 조력자는 한사코 "돈 받을 일 아닙니다."라며 사례를 거부한다. 여기서 '돈'은 순수하지 못한 거래나 결탁을 지칭하는 메타포의 언어다. 다시 말해 객관화된 인식의 주체로 바로 서기 위해서는 결탁이나 거래가 아닌 순수지향의 목적의식만이 필요함을 일깨우는 것이다. 조력자 또한 신과 같은 절대자가 아니라 "소아마비"라는 장애를 가진 불완전한 존재다. 인간은 누구나 불완전한 존재일 수밖에 없기에 서로의 부족한 부분을 채워주며 도와야 한다는 사회적 메시지를 이렇게 에둘러 표현하고 있는 것이다.

'본다'라는 시각의 문제를 확장시켜 '보이지 않는 것'을 감지하게 하는 인식의 형상화는 다음 작품에서도 볼 수 있다.

화중련 신인상 시상 가부좌 튼 말씀들이
매화며 살구나무 콩알 열매 내밸게 해
바람도 가던 구름도 귀를 쫑긋 기울인다

見, 看, 視, 觀, 覽, 하니, 보고 보고 꿰뚫어 보고
저 아래 금낭화 지나 점심 공양 잘하시오
장경각 황금 부처님 빙그레 웃으신다

– 「꿰뚫어 보라, 시조」 전문

「돈 받을 일 아닙니다」가 인식의 오류를 바로잡아가겠다는 시적 세계관의 표출이라면, 「꿰뚫어 보라, 시조」는 '봄'의 깊이와 너비에 더욱 천착하겠다는 의지이자 다짐이다. 시조잡지 《화중련》의 "신인상 시상"식은 새로운 시인의 탄생을 알리고 축하와 격려를 나누는 자리이다. "가부좌 튼 말씀들"은 정제되고 체화된 '시의 언어'일 것이다. 그런 '말씀'이 탄생시킨 세상의 아름다움을 보며 시인은 스스로를 채질한다. "見, 看, 視, 觀, 覽"은 모두 '본다'라는 뜻을 가진 한자들이다. '본다'는 속성은 같지

만 그 속뜻에는 미세한 차이가 있어 상황에 따라 구별하여 쓴다. 견(見)은 사람이 눈을 뜨고 있으니 자연스런 봄이고, 간(看)은 눈〔目〕 위에 손〔手〕을 얹고 멀리 있는 것을 본다는 것, 시(視)와 관(觀)은 그냥 보는 것을 넘어 무언가를 면밀히 살펴보는 것, 람(覽)은 살펴보고 견주어 보는 것을 말한다. 인간의 오감 중에서도 시각은 외부세계에 대한 정보를 발견하고 사물을 인식하는 가장 보편적인 도구이지만 단순히 '보다'라는 감각에만 그치지 않는다. 우리 눈에 들어온 시각적 자극들은 자신의 지식 안에서 대상을 해석하고 보이지 않는 부분까지 읽어낸다. 이것은 우리가 앎의 정도에 따라, 무엇을 어떻게 보고자 하는지에 따라 다르게 나타난다. 결국 본다는 것은, 개개인의 기억과 사고의 습관들로부터 주관적으로 해석돼 시각화되는 것이다. 시인이 다섯 개 한자를 통해 말하려는 것은 눈을 바로 뜨고, 두루 살피면서 사물과 현상의 속성까지 파헤쳐 보겠다는 뜻이리라. 세속적 안맹(眼盲)을 벗기 위해 "보고 보고 꿰뚫어 보"는 관점의 확장과 시선의 다각화를 통해 단선적인 '편견'을 경계함으로써 인식과 사유의 경도와 전복을 막겠다는 다짐이다. 보는 위치를 달리한다는 것은 고정된 인식의 틀을 벗어나 새로운 세계로 이동한다는 것이다. 편견이 눈을 감는 이러한 경지는 "장경각 황금 부처님 빙그레 웃으시"는 '염화미소(拈華微笑)'의 연꽃을 피우고 있다.

지신밟기 농악단이 보름달을 높여놓은
대왕암 가는 길가 내림대 서 있는 집
먼 바다 바란 마루에 촛불 하나 타고 있다

샛바람에 마른 댓잎 세 떼처럼 휘날리고
저 멀리 돌아드는 집어등 불빛들이
돌아올 사람은 어디 삽짝 위에 아롱진다

언제쯤 떠났을까 지붕이 휘어지고
바다와 달의 사이 수천수만 시름 계단
귀를 연 들창 너머에 그림자로 서 있다

– 「바다와 달의 사이」 전문

현상이나 물체를 환히 꿰뚫어 봄으로써 그 속에 내포된 의미까지 알아내는 '투시'의 기법은 「바다와 달의 사이」에서 두드러진다. "대왕암 가는 길가 내림대 서 있는 집"에서 "촛불 하나 타고 있"는 것을 본 화자는 촛불 너머의 보이지 않는 세계를 심안(心眼)으로 투시하고 있다. 화자가 바라보는 그 세계는 "수천수만 시름 계단"이 드리워진 "바다와 달의 사이" 어디쯤일 것이다. 바다와 달은 겉으로는 아무런 관련이 없어 보이지만 바닷가에서의 그 관계는 굉장히 밀접하다. 바다는 달이 차고 기우는 영휴(盈虧)에 의해 밀물과 썰물, 조금과 사리가 구분되어 나타난다. 달이 태양과 지구와 일직선상에 놓이는 보름과 그믐에는 조수간만의 차가 가장 큰 '사리'가 되고, 달이 태양과 지구와 직각을 이루는 상현과 하현에는 조수간만의 차가 가장 적은 '조금'이 된다. 사리 때가 되면 조류(潮流)가 거세지면서 바다는 거칠어진다. 그에 따라 고기들도 활발하게 움직이기에 어부들은 이때를 고기잡이의 적기로 삼아 왔다. 때문에 사고로 이어지는 경우가 많은 시기이기도 하다. 위의 시조에서도 "보름달"과 "샛바람"과 "집어등 불빛"이 함의하는 것은 '사리 때'와 '풍랑'과 '출어'인데, 풍랑으로 인해 바다로 나간 사람이 돌아오지 않는다는 것을 "아롱지"는 불빛으로 형상화했다. 그래서 씻김굿을 위한 '내림대'가 서 있는 것이리라. "수천수만 시름 계단"이 놓일 수밖에 없는 "바다와 달의 사이"에 인간계가 있음을 충분히 짐작할 수 있게 한다. 이처럼 겉으로는 무관해 보이는 것들을 상상력으로 연결한 투시의 시각은 중첩된 의미망을 구축함으로써 시조의 깊이를 더하는 촉매제로 작용한다.

"생은 발버둥치고 치는 숙명적 도정"(「숙명적 도정」)이라며 "생목 앓이 맨발의 애틋한 주술인 양/ 너울이 굽이치면서 소신공양 하고 있"는(「와온의 노을」) 와온을 돌아 "민생은 저 겨운 나절 쉼 없는 공중돌기"(「공중돌기」)로 이어지는 일련의 시편들도 이러한 특성을 잘 보여준다. 삶과 역사가 교차하는 현장들을 찾아나서는 서석조 시인의 시심은 각각의 대상물을 투시하고, 침투하며, 스며든다. 시란, 인생에 대한 투시라는 말을 그대로 실증하고 있는 것이다.

### #2. 삶을 구체화하는 응시(凝視)의 현장성

응시는 내적인 혼란을 불러일으키는 외부의 자극에 흔들리지 않게 시선을 한 곳에 모으고 마음의 평정을 되찾는 심적 활동이다. 서석조 시인의 시조는 이러한 내·외적 응시의 시선에 의해 세속의 번잡한 일상과 욕망을 비워냄으로써 궁극적인 평안에 이르려 한다. 보편적으로 '응시'라는 행위에는 '무엇'이라는 목적물이 따라온다. 응시하고 있는(혹은 응시하려는) 그 '무엇'을 찾아내고 그 '무엇'이 표상하는 의미를 찾아내는 일이 곧 창작인 셈이다. 응시를 위해서는 잠시 '멈춤'의 시간이 필요하다. 이때 그 멈춤은 집중을 위한 초점화의 과정이다. 즉 멈춤은 정지의 상태가 아니라 사유가 가장 활발해지는 정중동(靜中動)의 시간이다. 응시는 세상과 삶에 대한 깊은 관심에서 우러나오고, 그것을 통해 깨닫게 되는 철학적 사유는 주제와 깊이에 무게감을 더한다. 바쁜 세상살이에서 한발 비껴난 자신의 길 위에서 시간과 공간과 인간을 응시하는 서석조 시인이 마주하는 시적 공간에는 현실의 번뇌에 방황하는 시적 자아가 숨어 있다. 그의 시조가 자주 길 위에서 방황하는 자아를 내보이는 것은 궁극적 진리를 찾으려는 탐색 과정일 것이다.

생의 아픈 곡절이 큰길을 비켜나서
은행나무 가로수 밑 손수레로 조는 나절
실려진 파지 더미 위 짱돌 세 개 놓여있다

엄마는 앞서 끌고 아빠는 뒤를 밀며
갓난아기 곧추 앉힌 유모차가 지나가자
비둘기 모이를 쪼다 꾸룩꾸룩 바라본다

파지 노인 쉬는 곁을 그림처럼 가는 아기
빈부와 노소가 스치듯 지나가고
은행잎 하나 두울 셋 짱돌 위에 내려앉다

- 「양산대로 가로수길」 전문

서석조 시인이 추구하는 응시의 미학은 주로 삶의 현장에서 체현된다. 삶의 현장성을 드높이되 그 현장에 개입하지 않는 객관적 시선으로 활용하는 것이다. 그런 점에서 「양산대로 가로수길」은 응시의 시조시학을 응축해 보여주는 유의미한 작품이다. 이 작품은 응시를 통해 포착한 대비적 요소의 동시적 노출을 통해 시적 긴장감을 높이고 있다. '손수레'와 '유모차', '파지'와 '아기', '노인'과 '엄마·아빠', '노동과 휴식'은 그 자체로는 병립할 수 없는 존재들의 염기쌍이다. 그렇기에 이들은 같은 공간에서 "스치듯" 교차하며 지나가고 있다. 그 잠깐의 시간을 응시하는 시인의 눈에 잡힌 풍경은 작가의 감정이입이 최대한 배제됨으로써 묘한 긴장감을 불러일으킨다. 이 시조에는 다양한 이미지들이 등장하는데 이들은 잠재적 화자와 더불어 독자인 '우리'로 귀결된다. "빈부와 노소"라는 표현에 응집된 삶의 전형성을 통해 동시대를 살아가는 다양한 인물상과 생활상 등 삶의 양태를 이 짧은 시편 안에 다 녹여놓았다는 이야기다. 유모 차 속의 아기가 커서 부모가 되고, 그들은 또 노인이 된다. '삶'이라는 카테고리 안에서는 그 누구도 예외가 있을 수 없다는 점을 일깨우기 위해 시인은 의도적으로 그 어느 쪽에도 치우치지 않는 시선의 균형을 유지하고 있는 것이다. 그 때문에 담담하게 풀어놓는 진술의 어조가 다소 무미건조해 보일 수는 있으나, 이미지로 구현된 시인의 눈빛만은 따뜻하다. 은행나무 가로수 밑을 스치듯 지나가는 노인의 손수레와 젊은 부부의 유모차, 그것을 바라보는 비둘기의 모습은 그 자체로 삶의 진실을 설파하는 심오함이 깃들어 있다. 삶의 바닥에서 높은 곳까지를 함께 응시하는 시인은 마지막 방점을 찍듯 "은행잎 하나 두울 셋 짱돌 위에 내려앉"는 풍경의 한 지점을 또 그렇게 이미지로 비춰주는 것이다.

「양산대로 가로수길」처럼 대상의 응시를 통해 삶의 현장성을 첨예하게 부각시킨 작품은 이외에도 많다. "질경질경 욕창 같은 껌딱지를 떼어내"고 있는 "장유 대로변 아주머니"(「매미울음 드세다」)나 "화물 트럭 짐칸 위"에서 "애꿎은 담배연기"만 내뿜는 "털보 아재"(「십이월에 내리는 비」), "굴신의 겨운 숨을 문틈에 부려놓고/ 계단을 두 단씩 옆 동으로 가"는 "그"(「신문 구독료」), "살 사람 안 살 사람 척 보면 다 안다"는 "할매"(「겨울 대변항」), "더께진 함지들이 천근 무게로 앉"은 "할머니"(「양산장 아리랑 -노점상」)와 같은 치열한 생활인이 있는 반면, "이번만은 이번만은/ 한 생의 욕망을 움킨 주먹을 올려 펴"며 "식구들의 집 한 채"를 꿈꾸는 "수 없는 좌절"(「복권 명당」)도 있다. 이처럼 서석조 시인은 우리 삶의 방관자가 아닌 객관적 관찰자의 시선으로 대상과 현장을 응시하고 있다.

울어도 소용없으니 노잣돈이나 챙겨가소
한 줌 뼛가루 뭉치 굳은 땅을 파고 들 때
휘굽은 소슬바람도 산역에 끼어든다

조문의 이치야 말로 참 생존의 허덕임
삼천포 해변 약국 그 마지막 방문길에
노을이 하도나 붉어 주저앉고 말았다니

얼마든지 둘의 하나 가역적인 역마살에
서울로 갈 채비쯤은 예순 무렵의 목마름
무한정 남도를 돌아 매듭지은 목숨이여

이제 서산 넘어 가볍고도 가벼운 걸음
사방 사십 센티미터 오석의 유택에서
눈 한 번 비껴보아도 무너질 듯, 미망인

-「노을이 하도나 붉어」 전문

「양산대로 가로수길」이 보여주듯 삶의 경계를 응시하는 이미지의 대비는 '삶과 죽음'의 문제에서 더욱 뚜렷해진다. 죽음은 불확실한 미래에 가장 마지막으로 오는 큰 손님이다. '죽음을 직시할 때 비로소 삶의 의미를 깨닫는 법'이라는 하이데거(Martin Heidegger)의 말처럼 죽음의 존재는 모든 대상의 실체를 근원적으로 변화시키는 데서 뚜렷이 인지된다. 삶은 죽음을 향한 여정이라고 했듯 죽음을 삶의 연장으로 이해할 수도 있겠지만 현실적으로 이 둘은 차원을 달리해 실존한다. 「노을이 하도나 붉어」는 죽음의 의미망을 매개로 삶에 대한 인식을 제공하는 작품이다. 사실 죽음은 삶의 현장성을 봉인하기는커녕 도리어 더 많은 관심을 유도한다. 때때로 그것은 또 다른 삶의 원리로 거듭나기도 한다. 이 작품의 미덕은 뫼비우스 띠처럼 맞물려 있는 삶과 죽음에 대한 시각을 깊은 울림으로 열어 보인다는 점이다. 작가적 체험이 풍기는 정황적 진술 위에 '소슬바람'과 '노을' 등을 감정적 매개물로 활용한 이미지의 구사는 이런 소재의 형상화 과정에서 있을 수 있는 서사적 경직성과 편협성을 뛰어넘는다. 이 작품에서 제시되는 삶의 진정성은 죽음의 대척점에 서 있어도 삶과 죽음은 한 끗 차이로 맞닿아 있다는 자각이다. "사방 사십 센티미터 오석의 유택"에 들며 "노잣돈"을 주고받는 "산역"의 공간이야말로 "참 생존의 허덕임"을 절실하게 깨달을 수 있는 현장이기 때문이다.

이러한 응시의 현장성은 '성(聖)과 속(俗)'의 경계로 이어진다. 이름난 사찰에서 느끼는 자기성찰적인 감회는 불교적인 시각으로 우리 삶의 여러 단면을 톺아보고자 하는 의도일 것이다.

> 부처님, 저 취직 좀 되게 해주십시오
>
> 네 이놈, 너하고 나하고 자리 바꾸자
>
> 너처럼 밥 먹고 앉아 빌기만 하고 싶다
>
> -「불기 2563년 부처님」 전문

「불기 2563년 부처님」은 해학적인 만담의 형식을 빌어 성과 속의 경계를 허물고 있다. '불기(佛紀)'란 불멸기원(佛滅紀元)의 줄임말로써 석가모니가 열반한 해를 기원으로 삼는 불가의 연기(年紀)이다. 석가모니의 입멸 연대에 대한 논란은 있으나 대체로 현재의 서기 연도에 544년을 더하는 것으로 불기를 표시하고 있다. 따라서 '불기 2563년'은 서기 2019년이다. 이 작품에서 시인은 부처님과의 대화를 통해 종교의 엄숙함을 '지금_여기'의 세속적인 친숙함으로 바꿔놓았다. "너하고 나하고 자리 바꾸자"는 부처님의 말씀은 곧 세계와 자아의 합일을 의미한다. 성과 속이 크게 다르지 않다는 것을 강조함으로써 내가 곧 부처고, 부처가 곧 나인 동일성의 가치를 전하고 있는 것이다. 이러한 역지사지(易地思之)의 인식 변화는 우리 사회에 만연해 있는 분리와 차별의 인습을 깨뜨리기 위한 주제의식으로 승화된다. 화해와 융화를 바라는 시인의 간구함은 '통도사 서운암' '만어사' '내소사' '백련사' '선암사' 등 국내의 사찰은 물론 중국 서안의 '자은사'까지 발걸음을 옮기게 함으로써 만행(卍行)의 사유를 형상화하는 원동력이 되어주고 있다.

### #3. 역사를 되새기는 거시(巨視)적 풍경

희망은 과거로부터 온다고 했다. "역사의 천사가 폐허의 먼 곳을 응시하고 있다"는 말은 독일의 역사철학자

발터 베냐민(Walter Benjamin)이 그의 저서 『역사의 개념에 대하여』(길, 2008)에서 '역사철학 테제'로 삼은 사유의 뿌리이다. 이 책에서 베냐민은 18개의 역사철학 테제를 통해 역사를 실증적 사실자료를 다루는 '과학의 대상'이 아닌, '기억의 대상'으로 바라봐야 한다고 주장했다. 베냐민은 '역사는 진보한다'는 인식에 바탕을 둔 전통적 시각을 '진보 신앙'이라 부르며 비판했다. 좌파 지식인이었던 베냐민은 기술과 지식의 진보가 역사의 진보이고 그것이 인류의 진보라는 공식을 부정했다. 그는 역사적 유물론이 자동으로 승리한다는 이데올로기를 경고하면서 '신학이라는 난쟁이'를 등장시켜 역사를 기억의 대상으로 볼 것을 요구한 것이다. 모두가 미래를 말하고 진보를 신뢰하는 시대에 실패한 과거를 구원하라는 베냐민의 생각은 서석조 시인에게서도 감지된다. 과거를 통해 현재를 읽고, 이를 미래로 나아갈 동력으로 삼기 위해 서석조 시인은 사물이나 현상을 단면이나 개별적 존재가 아닌 전체로서 분석하고 이해하려는 거시적인 시각의 접근을 시도한다.

서석조 시인에게 있어 역사는 현재적 삶과 과거의 기억을 '연결'하는 접점이자, 원래의 자리로 되돌려놓고자 타진하고 모색하는 특수한 발화점이다. 고조선과 고구려의 역사가 펼쳐진 만주 벌판에서부터 분단의 아픔을 되씹는 백두산과 황해, 전쟁의 상흔이 아직도 가시지 않은 베트남 등의 역사적 현장에서 울고 웃으며 사물의 역사성에 대한 성찰의 세계를 보여준다. 특정한 장소에서 역사적 사실을 인식하고 거기에 자신의 세계관을 대입하고 있는 것이다.

오르고 또 올라서 엎드려 절하느니

오랑캐 장구채에 매발톱 걸어놓고

좀참꽃 구름송이풀 물매화로 씻은 천지

발품은 아예 놓아라 압록강을 거쳐 와서

일초일목 시린 무릎 엄연한 강토였기

백두산, 남쪽을 향한 금줄을 걷고 싶다

- 「금줄을 걷고 싶다」 전문

나 황해의 등에 업혀 만 근의 가슴이다

억념을 꿰어 봐도 내뱉지 못하는 말

이 새벽 장산곶 마루 홰울음도 일지 않아

나 황해의 등에 업혀 속절없이 돌아간다

눈 귀 입 욱여 닫아라 매질하는 이 파도에

압록과 대동의 여울 피울음을 친친 감고

– 「황해에서 울다」 전문

과거에는 하나였으나 지금은 둘인 나라가 남과 북으로 분단된 한반도다. 남극과 북극, 아프리카와 아마존의 오지도 마음만 먹으면 갈 수 있는 시대에 정치적 타협 없이 개인의 의지만으로는 갈 수 없는 곳이 바로 북한이다. 그 북한을 바라보며 서석조 시인은 피울음을 토한다. 분단을 넘어 금단의 땅으로 들어갈 수는 없기에 백두산과 황해라는 분단영토의 언저리에서만 맴돌 수밖에 없는 현실에 탄식하며, 분단 상황을 하루 빨리 종식시키고자 염원하는 것이다.

이러한 분단 상황에 대한 시인의 염원은 「금줄을 걷고 싶다」와 「황해에서 울다」에 잘 나타나 있다. 「금줄을 걷고 싶다」에서는 백두산 천지에 "오르고 또 올라서 엎드려 절하느니" "남쪽을 향한 금줄을 걷고 싶다"고 느껍

게 토로한다. 한편, 「황해에서 울다」에는 "눈 귀 입 욱여 닫아라 매질하는 이 파도에// 압록과 대동의 여울 피울음을 친친 감고" 돌아서야만 하는 좌절과 열패의 감정이 울음소리로 터진다. 두 작품 모두 일상적인 삶의 공간을 벗어난 특수한 공간적 배경을 소재로 차용했지만 그곳의 풍경과 풍물 같은 서경적 묘사보다 그 공간이 가지는 가치와 의미를 더욱 깊이 새기는 서정적 진술에 무게중심을 둔다. 이는 주변적 삶과 개인적 세계에서 더 확장된 세계, 즉 밖으로의 도약을 시도하는 것이다. 이러한 거시적 시각은 중남미 9개국을 배낭여행 한 45일간의 기록을 담은 기행시집 『별처럼 멀리 와서』(교음사, 2017)에서 한층 더 변화되고 발전된 단계로 보인다. 이는 여행지에서의 감상을 적은 단순한 기행시조를 넘어 역사성과 현장성을 아우르는 시적 스펙트럼의 확장으로 보아도 좋을 것이다.

서석조 시조미학에서 서술자에 의해 다큐멘터리화된 시각의 전이는 과거와 현재의 미학적 차원을 이어주며, 새로운 역사 주체로서의 존재감을 드러낸다. 시각의 주체는 아픔과 연민, 무의식에 대한 성찰과 자각을 보여주는 한편, 부재와 현존의 틈새에 자리한 미래의 불확실성을 염려한다. 단편적인 현상에 집중하기보다는 사회와 문화, 역사를 아우르는 집단 무의식을 들깨우는 거시적인 시작(詩作) 태도는 여타의 현장에서도 다수 발현된다.

“비로소 나 여기 발자국을 찍는”(「비로소 나 여기」) ‘독도’에서부터 “아들아 성벽을 봐라 참상이 서린 흔적”(「내가 임금이었다」)을 되뇌는 ‘초지진’과 “가슴 속 타는 화산석 그마저를 엾는”(「화산석」) ‘비양도’를 지나 “에돌아 우리 땅 두고 이국으로 돌아”(「낯선 곳 낯선 연대」) 들 수밖에 없는 ‘단동’, “호태왕도 장수왕도 돌아누운 대고구려”(「집안은 어디인가」)의 땅 ‘집안’을 거쳐 “눈망울 초롱초롱한 소금마을 아이들”(「비엔티안에서, 길」)이 있는 라오스의 ‘비엔티안’, “왜 자꾸 눈길을 끌어 묵은 가락 들추는지”(「긴 한숨을 토하다」) 모를 베트남의 ‘다낭’과 “이국인의 발을 죄며 꽁꽁 앓는 여린 소녀”(「호이안 마사지」)가 있는 ‘호이안’ 등은 시인의 거시적 눈길 앞에서 새로운 이미지로 재탄생하고 있는 것이다.

오르지 마세요
오르지 마십시오

제12대 대통령이 머물던 곳입니다

그 누가
오르려 하리
다만 그저 살펴볼 뿐

– 「백담사 화엄실」 전문

그러나 한편으로는 역사의 교훈을 되새기는 여유도 보여준다. 그것은 다시금 있어서는 안 될 역사의 비극을 되풀이하지 말자는 사회적 메시지이기도 하다. 「백담사 화엄실」은 '6월 혁명'으로 막을 내린 제5공화국의 영수가 도피생활을 하던 곳이다. 그곳에 놓여있는 출입금지 팻말을 보며 시인은 지난 시절의 과오를 되새기며 그 전철을 밟지 않았으면 하는 역사적 바람을 전하고 있는 것이다. "그 누가/ 오르려 하리/ 다만 그저 살펴볼 뿐" 이라는 고백적 진술은 화무십일홍의 '권력무상'을 깨친 자의 무욕과 해탈의 면모를 엿볼 수 있게 한다. 이는 속세와의 거리를 두고 내설악에 들어앉은 백담사를 통해 시인이 독자에게 궁극적으로 들려주는 에피그램의 시학이기도 하다. 이러한 의미망의 확장은 무게와 깊이를 가진 시적 완성에 이르기 위한 방편으로 차용한 거시적인 시각의 산물이라 할 수 있다.

* * *

본시, '길'이란 삶의 과정과 지향에 관한 은유이다. '길'이란 말 속에는 '도로'라는 말로는 채울 수 없는 중층적인 의미가 깃들어있다. 길은 인생의 가치가 속도보다는 방향에 있음을 깨우쳐주며, 느림의 미학을 즐기는 여유를 꽃피우고, 삶의 애환이 서린 이야기를 풀어내기도

한다. 그래서 자동차가 점령해버린 도시의 '도로'와는 확연하게 구별되는 것이다. 길은 또 도(道)이다. 도는 도리(道理)이기도 하다. 우리는 길에서 삶의 도와 도리를 찾는다. 속도가 지배하는 '도로'에서는 결코 찾을 수 없는 것들이다. 서석조 시인은 이번 시집 『돈 받을 일 아닙니다』에서 머무르고 떠나고, 만나고 헤어지는 온갖 이야기가 아련히 스며있는 '길'의 의미를 되새기고 새롭게 규정하는 나름의 여정을 펼쳐 보인다. 길 위에 펼쳐지는 다양한 풍경들을 자신만의 뷰파인더에 개성적으로 담아내기 위한 방편으로 시각의 다양화, 관점의 다각화를 추구한다. 사물과 현상의 이면을 꿰뚫어보는 '투시'를 발판으로, 삶을 구체화하는 '응시'의 현장성을 추구하며, 역사의 현장에서 과거와 현재를 잇는 '거시'의 시각을 통해 풍경의 밀도를 높이고 있는 것이다. 길 위에서 보고 듣고 느끼는 모든 감각적인 모습을 스펙터클의 시학으로 구현한 서석조 시인의 창작 여정은 앞으로도 계속될 것이다. 길은 떠나기 위해 열린 것이 아니라 돌아오기 위해 존재하는 것이라는 말처럼 떠난다는 것은 돌아온다는 것에 대한 약속이기 때문이다. 길 위의 여정이 가지는 의미가 있다면 그것은 길에서 만나는 새로운 발견일 것이다. 가까운 미래에 새로운 발견을 들고 나타날 서석조 시인의 내일은 또 어떤 모습일지 벌써부터 기대가 커진다.

서석조 시조집
돈 받을 일 아닙니다

2020년 1월 20일 초판 인쇄
2020년 1월 25일 초판 발행

지은이 / 서석조

발행인 / 강병욱
발행처 / 도서출판 교음사

03147 서울 종로구 삼일대로 457 수운회관 1308호
Tel (02) 737-7081, 739-7879(Fax)
e-mail / gyoeum@daum.net
등록 / 제 2007-00052호

* 잘못된 책은 바꾸어 드립니다. 값 10,000 원

ISBN 978-89-7814-773-6 03810

이 도서의 국립중앙도서관 출판예정도서목록(CIP)은 서지정보유통지원시스템 홈페이지(http://seoji.nl.go.kr)와 국가자료공동목록시스템(http://www.nl.go.kr/kolisnet)에서 이용하실 수 있습니다. (CIP제어번호 : CIP2020002232)